Wees bij jou

Gedachteloze Realiteit

Wees bij jou

Gedachteloze Realiteit

Shri Ramakant Maharaj

Vertaald door Micha Patiniott en Roelof Jamboer

Editor Ann Shaw

© 2016 Ann Shaw

Eerste editie: 2016

ISBN: 9780995473461

Gepubliceerd door
Selfless Self Press

www.ramakantmaharaj.net
www.selfless-self.com

Alle rechten voorbehouden.

Voorwoord

Wees bij jou - gedachteloze Realiteit bevat de directe, spontane leer van de zelfgerealiseerde meester Shri Ramakant Maharaj. Wat een geluk dat deze meester Engels spreekt! Nu kan de betekenis niet gewijzigd raken, of zelfs verloren gaan, in de vertaling.

Deze kostbare, heilige uitingen van universeel belang zijn nooit eerder zo helder gehoord. Ze zijn fris, doordringend en prikkelend, en bieden de korste weg naar zelfrealisatie.

Dit boekje op zakformaat bevat uitspraken die zeer direct op je in hameren, om je op je spirituele zoektocht uit je illusionaire droomwereld wakker te schudden. Pagina na pagina beginnen de druppels nectar je illusionaire concepten op te lossen, om je je vergeten identiteit te helpen herinneren door je de Realiteit in te prenten.

Het is niet de bedoeling dat je dit boek leest zoals lichaams-kennis boeken die met de geest en het intellect geschreven zijn. De Meester deelt geen gedachten of ideeën. Deze kennis is "voorbij woorden en werelden". Hij komt uit de "bodemloze bodem" van Realiteit. Wat hier wordt gepresenteerd - gebruikmakend van het noodzakelijke middel van woorden om betekenis te communiceren - is in essentie Gedachteloze Realiteit, die tot jouw essentie, tot jouw ware aard spreekt. Één essentie, Éénheid. Dit betekent Zelfloos Zelf-kennis die vooraf gaat aan de lichaams-vorm en daar voorbij ligt.

De Meester herinnert je onvermoeibaar aan je ware identiteit. "Jij bent ultieme waarheid, ultieme Realiteit. Er is niets dan jouw Zelfloos Zelf." De woorden van de Meester of Guru zijn geen voer voor discussie. Hij deelt waarheid, jouw waarheid, jouw Realiteit. Alles wat nodig is, is jouw acceptatie. Dan kan je eenvoudigweg afstand nemen en getuige zijn van de wonderbaarlijke transformatie!

De Meester waarschuwt, "Zorg dat je jezelf echt kent voor het te laat is, anders zul je op je sterfbed schudden en trillen van angst". "Wees bij jou" is een klaroenstoot voor ons allemaal om te ontwaken uit de langdurige droom die leven heet. Het ademt een sfeer van urgentie en immense kracht, die de lagen van illusie effectief doorboort.

"Laat deze waarheid op het ego inhameren, zodat je zult kunnen terugeisen waar je recht op hebt - de missende waarheid. Met ieder moment heb je minder lang te leven, dus neem deze kennis niet lichtzinnig op. Kijk naar jou! Wees bij jou!" dringt de Meester aan.

Concentreer je op deze kennis, en laat hem rustig de bodem van je hart raken. Dan zal langzaam, stil en blijvend, zonder enige twijfel, Ultieme Realiteit verschijnen.

Ann Shaw, editor.   *12 maart 2016.*

Shri Ramakant Maharaj is een zeldzaam Zelf-gerealiseerd Meester. Hij was bij zijn Meester, Shri Nisargadatta Maharaj, van 1962 tot 1981.

**HET DOEL VAN
SPIRITUALITEIT
IS
JEZELF ECHT TE KENNEN,**

ILLUSIE UIT TE WISSEN

EN

**ALLE LICHAAMS-KENNIS
OP TE LOSSEN.**

Jouw
Spontane Aanwezigheid
is
Stille,
Onzichtbare,
Naamloze,
Ongeidentificeerde Identiteit.

**Je
bent
al
Gerealiseerd.**

**Je weet
het alleen
nog niet.**

**Je hebt alle boeken
gelezen
maar
heb je de lezer
gelezen?**

Neem mijn woorden
niet letterlijk.

Dat wat ik
probeer over
te brengen,
dat is het
belangrijke.

De betekenis
achter de woorden.

Alles wat je weet is
Onwaarheid.

Dat wat je niet
begrijpt

Dat wat voorbij
het hebben van kennis ligt
IS WAARHEID.

Wees dus gewoon stil.

**Zelf-onderzoek
leidt naar
Zelf-kennis**

En

**Zelf-kennis
leidt naar
Zelf-realisatie.**

Je bent je identiteit
vergeten.
Meester helpt je
herinneren.

Je bent niet het lichaam.
Je was niet het lichaam.
Je zult het lichaam
niet blijven.

Open Feit.

De geest is slechts
een stroom van gedachten.

Hij heeft op zichzelf
geen werkelijkheid.

Het lichaam is slechts
het voedsel-lichaam.

MAAR JIJ BENT
ALOMTEGENWOORDIG.

JIJ BENT
UITEINDELIJKE REALITEIT.

Je bestanden
zijn gecorrumpeerd.
Je dient de
antivirus-software
genaamd Meditatie te
installeren om het
programma genaamd Illusie
te wissen.

Meditatie is
de enige manier om je
harde schijf te rebooten.

De Meestersleutel,
de Naam Mantra zal
de deur openen naar
REALITEIT.

Je kent jezelf
in lichamelijke vorm.

DIT IS NIET
JOUW IDENTITEIT.

Je leidt
aan
Chronische Illusie.

De Naam Mantra
zal je genezen.

Je moet
uit deze hele
illusionaire wereld komen.

Er is jou verteld
dat je een man
of een vrouw bent.

Je accepteert deze illusie.

Meester zegt
"Je bent de almachtige God."

Je accepteert
je Realiteit niet.

**Realiteit
heeft niets
met woorden te maken.**

JE BENT ONGEBOREN.

Er IS niets gebeurd,

er GEBEURT niets,

er GAAT niets gebeuren.

Boeken lezen is
NIET genoeg.

Studeren is NIET genoeg.

Wie leest er?

Wie studeert er?

ZOEK DAT UIT!

Toen de geest
met het lichaam samen kwam

BEGON ALLE
LICHAAMS-KENNIS:

Indrukken,
Conditionering,
Druk, Concepten

die je accepteerde.

DIT HIELD JE GEVANGEN
IN DE ILLUSIONAIRE
WERELD.

Let op!

Er is GEEN "ik ben".
Er is GEEN "jij bent".

Dit zijn slechts
W. O. O. R. D. E. N.

Jij bent voorbij woorden
voorbij werelden.

JE MOET
UIT DEZE
ILLUSIONAIRE WERELD
KOMEN.

Jouw aanwezigheid
heeft niets
nodig.

Dus,
WIE WIL ER
rust?

WIE WIL ER
geluk?

**Dit is een droom
afkomstig uit
lichaams-relaties

die jij niet bent.

Die jij niet was,
en
die jij
NOOIT
zult zijn.**

**De Mantra
is een nuttig werktuig
dat op het Ego in hamert
en al je illusionaire
concepten
op doet lossen.

DAARDOOR
zal je een
stevige basis hebben.**

Het lichaam is opgebouwd
uit de vijf elementen.

Je verblijft er
op huurbasis,
je leent voedsel en
water.
Je hebt een contract
voor een paar jaar.
Zo gauw je geen
voedsel en water meer geeft,
word je uit
je huis
gegooid.

**LAAT
SPIRITUALITEIT
EVEN LIGGEN!**

Zie je niet dat
Je het lichaam niet was!
Je het lichaam niet bent!
en
je niet als het lichaam
zal blijven!

**DIT IS EEN
OPEN FEIT!**

Verricht zelf-onderzoek!

Zoek uit
wat je niet bent!

Verwijder alle illusionaire
lagen die je
aanwezigheid bedekken.

**JE WAS NOOIT
GEBONDEN.
JE BENT VRIJ ALS EEN
VOGEL.**

**DE DOOD IS ILLUSIE.
GEBOORTE IS ILLUSIE.**

DEZE OVERTUIGING

MOET

IN JOU

VERSCHIJNEN.

Je hebt een geweldig
vermogen en kracht
maar je bent je
niet bewust
van je vermogen

OMDAT JE DE

LICHAMELIJKE VORM

HEBT GEACCEPTEERD.

Voor het Zijn
wist je
NIETS
zelfs het woord
'KENNIS'
niet.

Alles komt
uit Niets
en lost op
in Niets.

**Je bent
in de oceaan
van deze
illusionaire wereld
GEWORPEN.**

**Nu MOET je
uit
deze
illusionaire oceaan
zwemmen.**

**JE BEPERKT
JE REALITEIT
DOOR HEM
TE BENOEMEN.**

**REALITEIT
STAAT NIET TER
DISCUSSIE.**

Je harde schijf
is
volgelopen.

Wees zoals je was
voor alle add-ons.

ZELF-KENNIS
BETEKENT DE KENNIS
ABSORBEREN:
"IK BEN NIET HET LICHAAM".

**HOE
JE
WAS**

**VOOR HET
ZIJN**

IS

**ZELF-
REALISATIE.**

**JIJ BENT
N I E T
HET LICHAAM.**

JIJ BENT

**DIEGENE DIE
HET LICHAAM
VASTHOUDT.**

De wereld wordt
geprojecteerd
VANUIT
jouw
Spontane Aanwezigheid.

**WORD WAKKER
UIT DEZE DROOM
VOOR HET TE LAAT IS.**

Dit is een
GOUDEN KANS
om jezelf te kennen
en
**EEN EIND TE MAKEN
AAN HET LIJDEN.**

Ik richt me niet
tot jou.

Ik vraag de aandacht
van de
Stille Onzichtbare Luisteraar
in jou

DIE
ULTIEME WAARHEID
IS.

Je hebt een
geweldige kracht.

GOD IS JOUW KIND.
GOD IS EEN CONCEPT.

AANWEZIGHEID
MOET ER EERST ZIJN

Zodat je
kan zeggen
'God' of 'God bestaat'.

Zonder jouw Aanwezigheid
kan je
geen woord zeggen.

Jouw Aanwezigheid
IS
overal.

JE BENT
HOGER
DAN DE LUCHT.

ER BESTAAT GEEN
INDIVIDUALITEIT.

**Alles komt uit het Niets
en lost op in het Niets.**

**En in het Niets
lijkt er
Iets te zijn.**

**Als je niet
beter weet
accepteer je dit Niets
als Iets.**

JIJ BENT DE MEESTER
maar je gedraagt je
als een **SLAAF**
van de
Gedachten
Ego
Intellect.

Waarom blijven
reizen
als
JIJ
DE
BESTEMMING
BENT?

JIJ BENT
eerder dan de wereld.

Eerder
dan het universum.

JIJ BENT
eerder dan
alles.

Hoe je was
voor het Zijn,

BLIJF ZO.

Jij was

volledig

onbekend voor jezelf.

Aanwezigheid
weet niet
van zijn eigen bestaan.

Aanwezigheid is
zonder kennis.

Het heeft geen ervaring.
Niemand die ervaart.

Geen getuige.

Geen bewustzijn.

Je maakt je zorgen
over de dood
omdat je denkt
dat je iemand bent.

JE
BENT
ONGEBOREN.

WEES MET JOU.

Blijf gewoon
bij het
"Blijf gewoon".

Je bent NU AL
Uiteindelijke Waarheid
zonder verbeelding
zonder concepten.

Lichaams-vorm-kennis

MOET ONTBINDEN.

Dit is het
**PRINCIPE
ACHTER
SPIRITUALITEIT.**

BREEK

de vicieuze cirkel
van
het spook van de angst.

En ACCEPTEER:

"Ik ben niet aan het
sterven.

Ik ben niet geboren."

**De vragensteller
IS
het antwoord.**

**De onzichtbare
vragensteller
in jou
IS
het antwoord.**

WEES MET JOU
EN
LUISTER
VANUIT HET ALLES.

LEES JOUW BOEK.

JOUW UITGAVE
IS DE LAATSTE.

**Het lichaam
mag dan lijden
maar
JIJ NIET.**

**Ik nodig de aandacht uit
van
"DAT" -
hoe jij was
voorafgaand aan
Lichaams-kennis.**

Kijk naar binnen.

Lees
JOUW boek.

Bezoek
JOUW tempel.

Doorzoek
JOUW website.

Realiteit is
niet begrip.

Wanneer je
iets begrijpt

staat het los
van jou.

JIJ BENT REALITEIT.

Je lichaam
is het

MEDIUM
WAARMEE

je jezelf
kunt kennen.

Zonder het lichaam
KAN ER
GEEN
ONTWAKEN
ZIJN.

We denken over
de projectie
in plaats van
DE PROJECTOR.

Blijf bij de
GRONDOORZAAK

DE BRON
van waaruit
de projectie
wordt geprojecteerd.

De meester
die je de Ultieme Realiteit
binnen jou TOONT

en er
NIET SLECHTS
OVER PRAAT
is een
ware meester.

Bekijk jezelf
minus de lichaams-vorm en
ZIE
hoe je bent.

De MEESTER
HAMERT op je in.

Tegelijkertijd
HAMERT de NAAM MANTRA
op je in.

Langzaam stil
blijvend
zullen ALLE
illusionaire concepten
worden uitgewist.

De meester
geeft je niets dat
NIET AL
VAN JOU IS.

Hij verwijdert de
AS VAN DE
ONWETENDHEID
niets meer.

De zon
schijnt al.

**Meditatie is
slechts een proces.

De onzichtbare
mediterende
is
jouw
uiteindelijke identiteit.**

Je huis
is overbevolkt
met de
**GEEST
EGO
INTELLECT.**

ZET
de huurders **UIT!**

Het is een kooi
niet een huis.
Je verblijft
in een kooi
kauwend op een wortel.
Het kan een
gouden kooi zijn,
een zilveren, bronzen,
of ijzeren kooi.
Wat er maar
op je pad komt.
Rijke mensen krijgen een
gouden kooi
de armen één van ijzer...
...maar nog steeds een kooi.

Je aanwezigheid is
NIET
fysieke aanwezigheid,
NIET
aanwezigheid op mentaal niveau.

Aanwezigheid **IS** spontaan.

Het heeft **GEEN** gedaante
GEEN vorm.

Wees geen

SLAAF

van
je
Geest Ego Intellect.

**GA TEGEN
DE STROOM IN.**

**WEES EEN
MEESTER VAN REALITEIT**
en niet slechts een
meester van filosofie
of spiritualiteit.

Een professor kan LESGEVEN
door over de waarheid te
PRATEN,
terwijl
een Meester de waarheid
LEEFT.

Totale kracht
totale energie
TOTALE GEEST
ZIT IN JOU.

Alles begint
en eindigt met jou.

De gehele wereld
wordt geprojecteerd
vanuit jouw spontane
onzichtbare aanwezigheid.

Op het moment
dat je lichaam oplost,
verdwijnt de hele
wereld.

Wie sterft er?

Wie leeft er?

Doe gewoon
ZELF-ONDERZOEK.

NIEMAND sterft.

NIEMAND wordt geboren.

Jouw thuis is
NIET
Amerika, India of
Engeland.

**JOUW THUIS
IS DE
WERELD.**

Jouw Aanwezigheid is
als de **LUCHT**.

VOORBIJ GRENZEN.

Jij bent overal.

Dit is
GEEN intellectuele
benadering.

GEEN logische
benadering.

GEEN egoistische
benadering.

**DIT ALLES
KWAM NA
JOUW AANWEZIGHEID.**

Vanwege dit
voedsel-lichaam

**VANWEGE
VOEDSEL-LICHAAMS-
KENNIS

BEN JIJ
JE IDENTITEIT
VERGETEN.**

**Liefde
en
affectie
zijn de
letterlijke woorden
van de
lichaams-basis.**

Toen je het lichaam
tegen kwam,
creëerde je
een groot illusionair veld -

Zijn,
Niet-zijn,
Bewustzijn, Niet-
bewustzijn.

Wees dapper!
Kom uit dat veld!

Voor het Zijn
was er Aanwezigheid.

**AANWEZIGHEID
IS
ZONDER NAAM.**

Vergeet
alle woorden
de opgedofte woorden
die we maakten.

Het beoefenen van meditatie
is
ook een illusie
MAAR
we hebben één doorn nodig
om een andere
te verwijderen.

Later zal je
de hele oefening
laten vallen.

Je maakt je zorgen
over de dood
omdat

je DENKT
dat je iemand bent.

Je
bent
ONGEBOREN.

Er is

GEEN 'JIJ'

GEEN 'WORDEN'

en NIETS te 'BEREIKEN'.

Luister naar me!

De hele wereld
inclusief ALLE boeken
ALLE meesters
ALLE spirituele kennis

IS EEN
PROJECTIE

van
jouw Spontane Aanwezigheid.

Je
concentreert
je op

"Ik Ben"

en
NEGEERT

diegene die zch
CONCENTREERT.

Er is
SLECHTS ÉÉN BRON.
JIJ bent de bron.
Er is
ALLEEN ZELFLOOS ZELF.

Zoals mijn meester zei:
"Er is NIETS behalve Zelfloos Zelf.
Geen God, geen Brahman
geen Atman,
geen Paramatman
geen leerling
geen meester".

Nisargadatta Maharaj
had buitengewone kracht.
Ik deel
dezelfde kennis
met
iedereen.

Dit is
de juiste tijd.

De gestalte

van

God

is

jouw

reflectie.

Alles

wat je ziet

na

jouw Aanwezigheid

IS ILLUSIE.

**Realiteit
is
gekerfd**

**in de
Onzichtbare Luisteraar**

**die
niet verwijderd
kan worden.**

Je hecht
belang
aan wat je ziet
en
NIET AAN DE KIJKER.

Alle goden en godinnen
ZIJN IN JOU.

De hele wereld is
jouw Spontane Projectie.

**Om jezelf
werkelijk te kennen,
dat is kennis.**

**Je verdrinkt
in onwetendheid.**

**Je verdrinkt
in een zee van woorden.**

**Je bent bedekt
met as.**

**Daaronder
brandt
het vuur.**

**Meester
verwijdert de as.**

Misschien weet je
alles
over de hele wereld
maar je
KENT NIET
JEZELF.

BETREED
jouw eigen
Realiteit.

Ervaringen
zijn verschenen
op jouw
Spontane Aanwezigheid.

ZE ZULLEN
OPLOSSEN.

HET SMELTPROCES
RUKT OP
RICHTING
EENHEID.

**Er is niets
buiten
jouw Zelfloos Zelf.**

**Je kan nergens anders
heen.**

Dus wees sterk.

**STOP
met je innerlijke meester.**

**STOP
met je
INNERLIJKE GURU**

Vergeet het verleden!

Er is GEEN verleden.

Verleden heden en toekomst
ZIJN
Concepten.

Houd ermee op jezelf
in de lichamelijke vorm te
meten.

Dat is
de
GROTE ILLUSIE.

Wanneer je ontwaakt
uit een droom,
verdwijnt eenvoudigweg
de hele droom-wereld.

Op dezelfde manier
is deze wereld
slechts een droom,
een lange droom
die ook zal
verdwijnen.

**Aanwezigheid
slaapt niet
en droomt niet.**

**Waken en slaap
zijn ervaringen die slechts
het lichaam betreffen.**

**Er is geen dag,
geen nacht,
geen droom.**

Slaapt de lucht?

De Meester
overtuigt je
van jouw Realiteit.

Daarna MOET je
jezelf overtuigen.

Overtuigen leidt tot
OVERTUIGING.

Je BENT
Ultieme Waarheid
Uiteindelijke Waarheid.

**Kennis betekent
Zelf-Kennis.**

**Devotie betekent
de vervolmaking
van
deze kennis.**

Eerste stadium
jij bent degene die aanbidt.
Laatste stadium
jij bent Godheid.

Aanbidder en Godheid.
Aanbidder en Godheid.

Geen onderscheid.

Godheid weet
DOOR de aanbidder.
Godheid ligt
IN de aanbidder.

Naam Mantra
is een krachtig werktuig
dat lichaams-kennis
oplost,
het verkleint de kracht van
Geest. Ego. Intellect.

Het herinnert je
aan je ware naam -
REALITEIT,
regenereert voortdurend
je kracht.

Alleen een
Zelf-Gerealiseerde
Meester
die ALLE
details
KENT

kan je naar
Ultieme Realiteit
leiden.

Zelfs na het lezen van
spirituele boeken
vind je niet de Realiteit.

Dus,
wat je ook vindt,
ONTHOUD!
dat DEGENE DIE
VINDT ZELF
Ultieme Waarheid is.

Degene die vindt is
PRECIES DIE WAARHEID
die je probeert
te vinden.

**De onzichtbare spreker
in MIJ en de
onzichtbare luisteraar
in JOU zijn
ÉÉN en dezelfde.**

**Dit is
Directe Kennis
vanuit de
onzichtbare spreker
naar de
onzichtbare luisteraar.**

Wat je ZIET
is Illusie.

DAT

WAARDOOR
je
ZIET

IS

REALITEIT.

**Het ego zelf
is illusie want
er is geen 'ik' of jij
of hij of zij.**

**Er is
niets.**

**Het scherm is
volledig leeg.**

Jij bent

de

LAATSTE BESTEMMING.

Er is

NIETS

daar voorbij.

**Stop ermee
om
geluk
of realiteit
in een DROOM
te zoeken**

en

JE ZAL ONTWAKEN.

**Laat jezelf
niet achter
tot het eind
van je leven.**

**Jouw
Innerlijke Meester
is
je beste vriend.**

De hele wereld
is jouw

**SPONTANE
SCHADUW.**

Je hebt de schaduw
als realiteit
omarmd.

Daarom
IS ER ANGST.

DAAR WAAR AL HET

ZOEKEN

EINDIGT

DAAR BEN JIJ.

Je zult volledig vertrouwen
in jezelf
EN in de Meester
moeten hebben.

WAAROM?
Omdat
JE GEEN STAP
ZULT ZETTEN
in de
onbekende
niet in kaart gebrachte
wateren
ZONDER
DE MEESTER
TE VERTROUWEN.

Het Onbekende
ontstond
en werd gekend
door het lichaam.

Het Onbekende
werd gekend.
Het gekende zal
worden
opgenomen
in het Onbekende.

Ik herinner je aan jouw
Meesterlijke Essentie.

JE BENT EEN MEESTER.
Het is niet nodig om
zegeningen van anderen te
zoeken.

Leg je hand
op je eigen hoofd
en ZEGEN JEZELF.
Buig naar je
Zelfloos Zelf.
ALLES
IS IN JOU.

Zoekers lezen boeken en
op basis van hun lezen
vormen ze
een vierkant.

Daarna
verwachten ze antwoorden
vanuit dat vierkant.

**MEESTER ZIT NIET
IN HET VIERKANT.**

Hij is buiten het vierkant.

Hoe je was
voor het ZIJN,
en
hoe je zult zijn nadat het Zijn
verdwijnt
IS de Ultieme Waarheid.

Je bent je
totaal niet bewust van
jouw bestaan.

TOTAAL NIET BEWUST
VAN JOUW
BESTAAN.

We maakten woorden
en
gaven ze betekenis.

We zeggen 'God' is een
godheid
en 'Ezel'
is een dier.

Wanneer we zeggen
dat Ezel Godheid betekent,
wat gebeurt er dan? NIETS!
Het zijn eenvoudigweg de
woorden
die zijn veranderd

NIET DE ESSENTIE
of substantie.

Eenheid
heeft geen moeder
geen vader
geen broer
geen zus.
Dit zijn
LICHAAMS-VERHOUDINGEN.

WAAR WAS JE FAMILIE
VOORDAT ER
ZIJN WAS?

Gebruik onderscheidingsvermogen!

Dit is NIET een idee MAAR DE WAARHEID.

JE WERD NOOIT GEBOREN. DUS HOE KAN JE STERVEN?

Wanneer je in
volledig vertrouwen
naar de bron
van je kennis
luistert,

zal de kracht
die in je huist
spontaan opkomen.

**De Meester
geeft je
een bril om te dragen.**

God's bril.

**OGEN
om de
illusionaire wereld
te
DOORZIEN.**

Dat er

NIETS

is,

WORDT GEWETEN

ZONDER

hulp van gedachten.

Ervaringen
worden geprojecteerd
vanuit jouw Aanwezigheid.

Wanneer degene die ervaart
en de ervaringen
oplossen

DAAR BEN JIJ.

Je hebt

M O E D

nodig om

"V A A R W E L"

te zeggen tegen
deze
illusionaire wereld.

DE ZOEKER

DIE AAN HET ZOEKEN IS

IS

ULTIEME WAARHEID.

Je hebt
dit boek gelezen,
en dat boek.

Zo veel boeken!

Wat is je conclusie?

Al dit lezen

VOOR WIE IS HET?

KIJK NAAR JOU!
KIJK NAAR JOU!

Realiteit is er al
het ligt binnen jou.

Maar

je bent NIET aan het kijken.

Er is

V r e d e.

JIJ

bent het

die de
rust verstoort.

**Wanneer alle
gedachte-processen
zijn gestopt**

**daar
ben je**

**in de
gedachteloze
toestand.**

Jouw Aanwezigheid
was er
VOOR het Zijn.

Het zal er zijn
NA het Zijn.

Het is er
NU
als
HOUDER van het lichaam.

**De Guru
is
niet een persoon.

Hij is het
Onpersoonlijke
Ongemanifesteerde
Absolute
in
gemanifesteerde vorm.**

Je probeert de
Uiteindelijke Waarheid
te kennen vanuit
de
lichaams-vorm.

Je gebruikt boeken
en taal
om je realiteit te vinden.

Je neemt de woorden
voor waar aan
de waarheid.

DAT ZIJN ZE NIET.

Verzeker je er van
dat de kennis
die je hebt
ECHT en PRAKTISCH is.

Anders
zal je
schudden en
trillen
VAN ANGST
op je sterfbed.

Je probeert

**DEZE KENNIS
TE BEGRIJPEN**

met het denken.

Jouw kennis
gaat
AAN HET DENKEN VOORAF.

**Meditatie
is de
voortdurende herhaling
van
jouw realiteit

TOT

HIJ EINDELIJK
TOT JE DOORDRINGT.**

**Denk niet
aan het verleden**

**want
je
Spontane
Aanwezigheid
is
je DOEL.**

**In feite
is er
GEEN ZOEKTOCHT.**

**JIJ
bent
wat er mist.**

**MAAR
NU**

**HEEFT DE MISSENDE
WAARHEID
JOU GEVONDEN!**

Wanneer
begon je
moed en rust
nodig te hebben?

Pas nadat Aanwezigheid
ontstond in
lichaams-vorm.

Er moet
eerst iets zijn
voordat jij een
verleden
heden
en toekomst
kunt hebben.

er is
NIETS!

Je bent zonder vorm.

Omhels je kracht.

"WIE BEN IK?"

ligt

NIET

binnen de cirkel
van verbeelding
of raden.

Jouw Aanwezigheid is
spontaan.

Je zou naar voren moeten komen

met overtuiging
en
diep gevoel

dat zegt:

"Ja, ik ben almachtig".

We leven met
concepten van het
BEGIN van Zijn
tot het
EIND van Zijn.

Maar

er is
GEEN BEGIN voor
Zelfloos Zelf.

GEEN EIND voor
Zelfloos Zelf.

Wees LOYAAL aan jezelf.

RESPECTEER jouw
Zelfloos Zelf.

STOP DE ZOEKTOCHT

en

CONCENTREER JE OP
DE ZOEKER
die
Ultieme Waarheid is.

Zonder jouw Aanwezigheid
kun je geen enkel
woord uiten.

Jij gaat aan
alles
vooraf.

Kennis
kwam daarna.

**Je concentreert je niet
op de denker
waarmee je
aan het denken bent.**

**Je concentreert je slechts
op het denken.**

**In afwezigheid
van de denker
kun je niet denken.**

Je onzichtbare,
anonieme,
ongeidentificeerde
Aanwezigheid
is
OVERAL
net als de lucht.

Je bent subtieler dan de
lucht
want

**DE LUCHT
IS IN
JOU.**

**Je hebt
een verkeerde
vriendschap,
een vriendschap die een
vergissing is.
Je hebt onjuist
vriendschap gesloten
met het lichaam.**

**Je moet
je eigen vriend zijn.**

Je innerlijke Meester
is je beste vriend.

De Ultieme Waarheid wordt jou

NIET

ingeprent

omdat jij

vol zit met

illusionaire concepten.

Iedereen kan wel zeggen

"Alles is illusie".

Maar
dit accepteren
als feit
is
een ander verhaal.

**Je bent de
architect
van
jouw leven.**

**Stop met hierheen rennen
en daarheen rennen**

want

**JE KENT
DE RENNER
NIET.**

Gedachteloze gedachte
zal verschijnen.

Gedachte is verbonden
met het lichaam
maar
GEDACHTELOZE GEDACHTE
is verbonden
met
ULTIEME WAARHEID.

Wees niet zo goedkoop

dat je

TOESTAAT

dat de wereld
je in haar zak steekt.

**Geluk zit
in jou ingebouwd.**

**Kracht zit
in jou ingebouwd.**

**Er is
GEEN KRACHT
BUITEN JOU.**

**Er is niets
behalve
Zelfloos Zelf.**

Het is
BIJZONDER JAMMER

EEN CALAMITEIT,
om dat
te accepteren
wat je niet bent.

En
te blijven

JANKEN
IN DE DROOM.

Je dient je over te geven.
Zelf-overgave
vanbinnen.

Buig
voor je
Zelfloos Zelf.

JE BENT GROOTS.

Je bezoekt
deze leraar of
die leraar.

Hoe lang nog
ga je
anderen blijven bezoeken,
terwijl jij, de bezoeker,
zelf
Ultieme Waarheid bent.

BEZOEK DE BEZOEKER.

Bezoek je eigen website.

Al dit gezoek:

"Waar ben ik?"

Terwijl je de hele tijd

HIER BENT.

Accepteer dat Realiteit
binnen in jou IS.

Dat
Meesterlijke Essentie
IN JOU ZIT.

Dan zul je,
uiteindelijk,

STOPPEN
MET RONDZWERVEN.

**Telkens
wanneer je woorden
gebruikt**

**ben je IETS ANDERS
dan
wat
je bent.**

De kijker
weet niet
dat wat het projecteert
zijn eigen projectie is.

Wat de KIJKER ziet

IS

ONZICHTBARE
ANONIEME
ONGEIDENTIFICEERDE
IDENTITEIT.

Jij hebt jouw
Aanwezigheid nodig
om 'God' te kunnen
zeggen.

ZONDER JOUW
AANWEZIGHEID
IS ER GEEN GOD.

God is jouw kind.

Meester is
God's God.

Jij bent almachtig.

Jij bent compleet
volledig onafhankelijk.

JIJ BENT VADER
VAN
DE WERELD.

Toen jij in
het lichaam kwam,
bracht je toen een vrouw
of vrienden
met je mee?

Vergeet de droom.

De grote familie is
een droom.

Jouw echtgenoot,
echtgenote?
ALLEMAAL EEN DROOM.

Mijn Aanwezigheid is
IN ELK WEZEN

dus

wie kan ik haten?

Met wie kan ik
vechten?

Dit wordt
Spontane Realisatie genoemd.

Wanneer de kenner
en
kennis
verdwijnen

DAAR
BEN
JIJ.

Geen vorm!

Spontane stilte
komt tevoorschijn.

SPONTANE VREDE.

Wanneer alles
samensmelt tot
EENHEID
en wordt
GEABSORBEERD.

**HET GEHEIM
ZAL ZICH
VOOR JE OPENBAREN**

wanneer je

de ongeidentificeerde
identiteit
vóór het Zijn

IDENTIFICEERT.

WORD WAKKER!

Je hebt
een gouden kans.

Je moet gedreven zijn:

"Ja, ik wil weten
wie ik ben!

Ik wil
de Realiteit kennen".

**Dit is een
lange
droom,
een lange film.**

**Je bent de
PRODUCENT**

de REGISSEUR

en

de STER.

Weet
en wees stil.

Ken de Realiteit
en wees stil.

**WEES
IN
ZELFLOOS ZELF.**

**JE BENT
AL DAAR.**

Je bent het eindstation.

**Met het licht
in je hand**

**rende je
het donker achterna.**

**Jouw Aanwezigheid
was er
voor alles.

De hele wereld
inclusief
alle goden
meesters
leraren
is de
spontane projectie
van jouw
Zelfloos Zelf.**

De meester plaatst
de zoeker
voor je.
Je bent
de zoeker aan het zoeken.
Zit alleen
concentreer je
op deze kennis.
Dit is de punt, het snijvlak.

**LAAT HET
DE BODEM
VAN JE HART RAKEN.**

L a n g z a a m
L a n g z a a m
s m e l t
de lichaams-identiteit
en
draait zich om richting
Ultieme Waarheid

waar

geen
ervaring is
en niemand die ervaart.

Accepteer de waarheid

dat

JE ABSOLUUT BENT

zonder

een enkel woord

te spreken.

Jij bent alles

**en alles
is binnen jou.**

**Er is
niets
dan
Zelfloos Zelf.**

**Je hoeft nergens
heen te gaan
voorbij
de
directe kennis
van
Ultieme Realiteit.**

Ik heb je de
**GOUDEN NAP
VAN
DE REALITEIT**
gepresenteerd.

Het is nooit meer nodig
om te bedelen.

**JIJ BENT
DE
LAATSTE BESTEMMING.**

JE

BELEDIGT

JEZELF

DOOR

JE ZELFLOOS ZELF

TE NEGEREN.

**Waar alle wegen eindigen
daar ben je.**

**Nu kun je
de kaart weggooien.**

Vergeet hem!

**Je hebt
het
laatste station bereikt
het
EINDSTATION.**

**Ik probeer je
weg te halen
uit de
vicueuze cirkel
van illusie.**

Maar opnieuw,

**probeer je terug de greppel
in te springen.**

STOP!

**Stop met je
onzinnige gedoe!**

Samadhi is illusie
want
JIJ
ervaart de Samadhi,
de stilte,
vredigheid.

In het ultieme stadium
is er geen vredigheid geen stilte.
Niets is daar:
geen getuige,
geen ervaring,
niemand die ervaart.

**Nu weet je
dat
jij de
Ultieme Realiteit
Laatste Waarheid bent.**

**Blijf letten
op de Realiteit.**

**NEGEER
DE REALITEIT NIET.**

GELUK

IS

EEN

SLUIER

OVER

JE AANWEZIGHEID.

**ALLE TWIJFELS
MOETEN WORDEN
OPGEHELDERD.**

De wortels van een spirituele
boom
hebben een lange tijd nodig
om te groeien.

Maar die boom
kan in minuten
worden omgehakt.

Ik heb de nectar-plant van de
Realiteit in jou geplant.
Nu MOET je er
goed voor zorgen.

Je zal het onbekende
gaan kennen.

Maar als je hem geen water en
mest geeft ...
ZAL HIJ STERVEN.

Er zit al een beeldhouwwerk
van de Godheid
binnen in jou.
Het moet slechts
onthuld worden.
De Meester gaat aan de
sculptuur werken,
hameren,
ongewenste stukken
wegbikken,
tot uiteindelijk,
de Godheid
in al zijn pracht
tevoorschijn komt.

Je bent als lucht.
Er zit geen 'ik' in lucht.
Geef je gehechtheid
aan het lichaam op.

LOS IEDERE ANGST OP.

Gebruik de MOED
die voortkomt uit de KENNIS
dat je
ONGEBOREN bent.

BLIJF
de illusionaire concepten
OPGEVEN.

Blijf

het ZELF

uit

ZELF LOOS ZELF

opgeven.

Er is geen wereld
en geen woord
voor de gerealiseerde.

**JE BENT
VOLLEDIG
GEABSORBEERD
IN
JEZELF.**

Absorbeer de kennis
en geniet.

Er is
geen reden
voor ernstige
lange gezichten.

Dit is
gelukkige kennis
die ik deel.

JE BENT VRIJ.
DUS WEES GELUKKIG.

Je bent ÉÉN
met
Zelfloos Zelf.

Je bent samengesmolten.
ÉÉN
met Zelfloos Zelf.

NU WEET JE:
mijn Aanwezigheid
is als lucht
en hij is
in ieder wezen.
ER IS GEEN SCHEIDING.

**Dat waarover
niet gesproken kan worden
is een
TEKEN VAN REALITEIT.**

Ga dieper

en dieper

in je

Zelfloos Zelf.

**De deur
zal wijd open gaan.**

**Open
open open**

**tot je je
Zelfloos Zelf ziet**

IN HET VOLLE LICHT.

DAAR
zul je
HET PRINCIPE zien,

de stille

STILLE

onzichtbare luisteraar.

Daarvoorbij -

NIETS.

Je wil
in de illusionaire wereld
blijven.

Maar
tegelijkertijd

wil je de
Realiteit kennen.

ONMOGELIJK!

**Ultieme Realiteit
zal niet tevoorschijn komen
tot
alle lichaams-kennis
is opgelost.**

**Wanneer je
geen geluk
meer nodig hebt**

**HEB JE
DE BESTEMMING
BEREIKT.**

De grot van kennis is nu voor je geopend.

Neem zo veel schatten mee als je wilt.

Hoe je was
voor het Zijn
IS
zelf-realisatie.
Aan woorden en werelden
voorbij.

Het wordt Aanwezigheid
genoemd,
Geest, God, Brahman, Atman,
Ultieme Realiteit
Ultieme Waarheid
Laatste Waarheid.

**MAAR JE BENT
NIET IN WOORDEN.
JE BENT NAAMLOOS.**

JIJ BENT DE MEESTER.

Beslis hoeveel aandacht je geeft
aan gedachten.

Als je
ongewenste gedachten
aandacht geeft
zal er pijn zijn.

Als je ze negeert
geen pijn.

**Ga naar binnen
en
wees in Zelfloos Zelf.**

Kijk naar jou!

**Probeer
de kijker te zien.**

**Terwijl je de kijker
probeert te zien,
ZAL
DE KIJKER
VERDWIJNEN.**

Geniet van het geheim
van je leven.

Wat wil je?
Niets.

Wat heb je nodig?
Niets.

Want
je weet dat
ALLES IN JOU IS.

Trap niet in de val
van
wereldse verleidingen
die overal zijn.

Onthoud dat
jij deze illusies hebt gemaakt.

MAYA
IS
JOUW BABY.

Aanwezigheid lost op
in het laatste stadium.

Je zal

NIET BEWUST ZIJN

wanneer

AANWEZIGHEID

verandert in

ALOMTEGENWOORDIGHEID.

Laat je door één verlangen
voortdrijven:
het vuur dat
voortdurend
in jou brandt.

Een intens verlangen
om
dieper en dieper te gaan.

GA DOOR!

Ga dichter en dichter
naar Zelfloos Zelf.

Spirituele kennis
is ook

DE GROTE ILLUSIE.

Het
is er

slechts om

de eerste illusie

te verwijderen.

WANNEER JE WEET

Dat je niet
het lichaam bent

Niet de geest

Niet een individu

ZUL JE

OVERTUIGING HEBBEN.

**Na deze
spontane
overtuiging**

**heb je geen
kennis meer nodig.**

**Kennis
is illusie.**

**JE BENT
DAT WAT AANBEDEN
WORDT
DE AANBIDDER
EN
HET AANBIDDEN.**

Spirituele Realiteit
is nu
aan het stromen.

Blijf op
het chocolaatje
van
Aanwezigheid kauwen.

Wanneer je
de Meester ontmoet
ontmoet je jezelf.

Geest ziet
zijn eigen reflectie
in de Meester,

HERKENT ZICHZELF,
REAGEERT,
en
begint weer te dansen.

Na
spontane
overtuiging
zal er
ONVOORSTELBARE
VREDE ZIJN
en
EXCEPTIONEEL
GELUK
ZONDER ENIGE
MATERIËLE OORZAAK.

**WEES STIL
EN GELUKKIG**

in de
S T R O O M
van
innerlijke
tevredenheid
en
vrede.

Spontaan
geluk
is de geur
van Zelfloos Zelf.

DIt betekent dat de kennis

JOUW KENNIS
WORDT
GEABSORBEERD.

Omhels
Zelfloos Zelf
en ga
DIEPER
en
DIEPER
en
DIEPER.

WEES
VOORTDUREND
MET JOU.

"Spontane Kennis, Directe Kennis"

Definitieve Versie.
502 paginas, 177 hoofdstukken .

www.ingramcontent.com/pod-product-compliance
Lightning Source LLC
Chambersburg PA
CBHW021123300426
44113CB00006B/274